I0169137

La crítica textual del Nuevo Testamento

Una introducción muy breve

Thomas W. Hudgins

Energion Publications
Cantonment, Florida, USA
2025

Copyright © 2025, Thomas W. Hudgins. All rights reserved.

ISBN: 978-1-63199-927-7
eISBN: 978-1-63199-928-4

Energion Publications
1241 Conference Rd
Cantonment, FL 32533

energion.com
pubs@energion.com

CONTENIDO

1

INTRODUCCIÓN

En la traducción La Biblia de las Américas (LBLA) hay 16 notas a pie de página en Mateo 1. Todas ellas clarifican algo por el lector sobre el texto. La mayoría trata con una forma alternativa de deletrear o traducir las palabras que se encuentran en el cuerpo de la traducción (p.ej., "En el texto gr., Asaf" por "Asa" en 1:7; o "ha sucedido" por "sucedió" en 1:22). Pero la nota final es distinta ya que menciona manuscritos y cómo algunos leen algo diferente a lo que se traduce en el texto principal: "Algunos mss. antiguos dicen: su hijo primogénito" (1:25). Otra nota en esta traducción no se menciona hasta el Sermón del Monte, con Mat. 5:22, donde dice, "Algunos mss. agregan: sin causa".

Encontramos notas similares en lugares como Marcos 1:1, Juan 7:53–8:11, e incluso el último versículo del Apocalipsis. La Reina Valera Actualizada (RVA-2015) tiene notas como "Algunos mss. antiguos tienen/incluyen. . . ." La traducción inglesa New King James Bible (NKJV) usa notas como "NU omits "You shall not bear false witness" (tr. "El texto NU omite 'No darás falso testimonio'") en Rom. 13:9.

De hecho, cuando miramos algunas de las traducciones de la Biblia al inglés, encontramos que se presta mucha más atención a temas como estos que en las traducciones al español. Si lees el Evangelio de Mateo en la Holman Christian Standard Bible (HCSB), encontrarás un total de 115 notas a pie de página de este tipo, una en cada capítulo menos el capítulo 7.[1] No hace falta decir que esto no es algo poco común, aunque se reconoce mucho menos en las traducciones españolas de la Biblia. Y ninguno de ellos se acerca a mencionar todas las diferencias entre los manuscritos. Pero volveremos sobre eso más adelante. ¿Qué significan esas notas ocasionales a pie de página en su Nuevo Testamento que hablan de "manuscritos"? ¿Por qué están ahí?

Quizás nunca te diste cuenta de esas pequeñas notas, o quizás simplemente les prestaste muy poca atención. Sin embargo, es posible que hayas tenido una experiencia similar a la que tuve poco después de empezar a leer la Biblia por mí mismo. Estaba en un estudio bíblico con un grupo de otros estudiantes universitarios, y cada uno de nosotros nos turnábamos para leer en voz alta la Biblia. Recuerdo que uno de mis amigos acababa de terminar de leer y alguien más habló: "Oye, eso no es lo que dice el mío". Uno de ellos leía de la traducción New American Standard y el otro leía de la traducción New King James. Nos dimos cuenta de que no estábamos ante un problema de traducción. Fue algo diferente. Había palabras presentes en una traducción que no estaban presentes en la otra.

---

1   Mat. 1:6, 7, 8, 10, 25; 2:18; 3:16; 4:10; 5:22, 25, 44 [2 en total], 47; 6:1, 4, 6, 13, 15, 18, 33; 8:18, 23, 28, 29; 9:8, 13, 35; 10:3; 11:15, 19; 12:4, 15, 31, 35, 47; 13:9, 43, 51, 55; 14:12, 22, 24, 30; 15:4, 6 [2 en total], 8, 14, 16, 22, 39; 16:2–3 [2 en total], 4, 13, 20; 17:4, 8, 9, 11 [2 en total], 20, 21, 22, 26; 18:11, 15, 29, 35; 19:4, 9, 17 [2 en total], 20, 29; 20:6, 7, 16, 19, 22, 23; 21:12, 44; 22:7, 13, 30, 32, 44; 23:4, 5, 8, 14, 19, 26 [2 en total]; 24:36, 42; 25:13, 31; 26:3, 28, 42 [2 en total], 60 [2 en total]; 27:2, 16, 17, 24, 34, 35, 41, 42, 58; 28:9.

Por eso tenemos algo que se llama la crítica textual. El propósito de este libro es triple. Primero, queremos ver por qué tenemos estas notas. Si la Biblia es inspirada (2 Timoteo 3:16), ¿por qué tenemos notas que hablan de que algunos dicen una cosa y otros dicen otra cosa? Examinaremos la necesidad de la crítica textual. En segundo lugar, queremos hablar sobre qué es la crítica textual y los criterios que utilizamos para evaluar diferentes cuestiones textuales tal como las encontramos en el Nuevo Testamento. Y tercero, queremos abordar algunos de los conceptos erróneos relacionados con la crítica textual, especialmente la afirmación de que la Biblia tiene errores. La crítica textual es importante, no sólo para pastores y maestros de la Biblia, sino para cada estudiante de la Palabra de Dios. No todo el mundo necesita ser un experto en esta área de la exégesis, pero todos debemos comprender qué es la crítica textual, por qué es importante, y cómo sabemos que podemos confiar en nuestras Biblias.

2

EXPLICANDO LA NECESIDAD
DE
LA CRÍTICA TEXTUAL

Cuando revisé las notas de pie en Mateo 1, por ejemplo, de la Holman Christian Standard Bible, vi algunos tipos de lecturas diferentes. En Mateo 1:6 hay una pregunta sobre si Mateo se refiere a David con el título "rey" o sin él. En Mateo 1:7–10, hay una pregunta sobre el nombre de dos individuos: (1) descendiente de Abías —escrito Asa o Asaf— en 1:7–8; y (2) descendiente de Manasés—escrito Amón o Amós—en 1:10. (Respecto al primero, como recordarán, había una nota que decía exactamente esto es LBLA: "En el texto gr., Asaf" por "Asa" en 1:7. Pero los editores de esa traducción no especificaron que algunos manuscritos incluyen la letra final [ϕ – f] en griego y otros no.) Y cuando bajamos a Mateo 1:25, surge la pregunta de si Mateo se refiere a Jesús simplemente como el "hijo" de María o su "hijo primogénito".

Ahora bien, estos no son representativos de todos los tipos de cuestiones textuales que se encuentran en Mateo o el resto del Nuevo Testamento. Nos centraremos en otros a medida que continuamos nuestro estudio. Pero podemos hacer dos observaciones basadas en estos ejemplos. Primero, hay preguntas sobre lo que los autores de los textos del Nuevo Testamento escribieron en *ciertos* lugares, no en cada palabra o versículo. Tenemos que hacernos la pregunta: "¿Por qué existe este problema, especialmente si la Biblia está inspirada por Dios?" Sin embargo, antes de responder a esa pregunta, aquí hay una segunda observación: la confiabilidad del Nuevo Testamento no está en juego con cuestiones como las que se encuentran en Mateo 1. Un examen de todo el Nuevo Testamento arrojaría la misma conclusión. En pocas palabras, podemos confiar en nuestras Biblias.

Los dos versículos más importantes del Nuevo Testamento que tratan de la inspiración bíblica son 2 Timoteo 3:16 y 2 Pedro 1:20–21:

> "Toda Escritura es inspirada por Dios y útil para enseñar, reprender, corregir, e instruir en justicia". (2 Tim. 3:16)

> "Pero, antes que nada, sepan esto: ninguna profecía de la Escritura es cuestión de interpretación propia, porque ninguna profecía fue hecha jamás por un acto de voluntad humana únicamente, sino que hombres inspirados por el Espíritu Santo hablaron de parte de Dios". (2 Ped. 1:20–21)

Cuando hablamos de "inspiración", nos referimos al papel de Dios en la composición de los textos de la Biblia. Pablo nos dice que todo lo que en ellos está escrito tiene como autor último nada menos que a Dios mismo. Claro, cuando Mateo escribió su Evangelio, la pluma de caña estaba en sus manos. Pero hubo un autor invisible que guio a Mateo en lo que escribió. Por eso Pedro habla de la "profecía de la Escritura" en su carta. Los textos bíblicos nos llegan como las profecías llegaron a la gente de la iglesia primitiva: Dios reveló un mensaje específico a un solo individuo, quien a su vez comunicó ese mensaje al grupo de personas a quienes estaba destinado. La única diferencia entre la inspiración bíblica y la profecía es que la primera se escribe para preservar ese mensaje a través del tiempo y para todas las comunidades cristianas. Pedro nos deja saber que Mateo no escribió el Evangelio de Mateo por sí solo. El mensaje que se estaba grabando era en última instancia de Dios; simplemente fue canalizado a través de un instrumento humano elegido. Mateo, como cualquier otro autor de un texto bíblico, era como una caña en la mano de Dios.

Entonces Dios tuvo un papel enorme en la composición del Nuevo Testamento. Y lo mismo hicieron Mateo, Lucas, Marcos, Juan, Pablo, Pedro, Santiago, y Judas. Las Escrituras no serían Escrituras sin sus roles conjuntos. Cuando decimos que la Biblia es "inspirada", estamos hablando de los textos originales que fueron escritos.[2] Ese es un punto importante. No estamos hablando de las copias que se hicieron de esos originales. Hoy lo único que tenemos son copias. No se sabe que exista ningún manuscrito original en la actualidad.[3] Y esto explica por qué tenemos todas estas notas en nuestras Biblias hoy en el siglo XXI: a medida que se hacían estas copias, se deslizaban diferentes lecturas en los textos. A veces los cambios en un texto

---

2   Hay un interesante artículo escrito por Michael A. Grisanti sobre la inspiración y la actividad editorial versus la actividad de los escribas con respecto a los textos del Antiguo Testamento. La visión tradicional de la inspiración divina de un texto (un autor se sienta a escribir el texto, siendo el resultado final lo que fue escrito por su mano sin cambios editoriales por segundas manos) explica mejor lo que sucedió con los textos del Nuevo Testamento. La inspiración de los textos del Antiguo Testamento es un poco más complicada, pero el estudio de Grisanti es muy claro al explicar esta dinámica única. Véase Michael A. Grisanti, "Inspiration, Inerrancy, and the OT Canon: The Place of Textual Updating in an Inerrant View of Scripture," *JETS* 44:4 (Dic 2001): 577–598.

3   Los manuscritos originales también se denominan *autógrafos*.

eran accidentales, otras veces intencionados. Debemos recordar que cada vez que se copia algo, existe el riesgo de que la copia no sea exactamente igual al original.

Cuando pensamos en la frecuencia con la que se copiaron los manuscritos del Nuevo Testamento para su preservación y distribución, no debería sorprendernos que surjan ciertas preguntas sobre la composición original en ciertos lugares. J.K. Elliott escribe lo siguiente:

> Como ocurre con todas las literaturas antiguas, las obras bíblicas no han sobrevivido en una forma inmutable, original e inviolable. Los críticos textuales tienen que partir de los manuscritos, traducciones y citas de los libros que poseemos.[4]

Note que Elliott señala que esta cuestión en torno a la composición original de los textos del Nuevo Testamento no es algo exclusivo del Nuevo Testamento. No es un fenómeno extraño. Por el contrario, todos los textos antiguos tienen esta cuestión.

Antes de la invención de la imprenta en el siglo XV, toda la Escritura se reproducía y conservaba exclusivamente a mano. En otras palabras, ni MacBook ni Xerox. León Vaganay y Christian-B. Amphoux nos ayuda a poner el Nuevo Testamento en perspectiva con una comparación de otros textos antiguos:

> De hecho, el lapso de tiempo entre los documentos originales y las copias transmitidas es relativamente corto: en el peor de los casos, unos 250 años, ya que han sobrevivido manuscritos completos del siglo IV; y, en el mejor de los casos, no más de 100 años en el caso de papiros que datan aproximadamente del año

---

4   J. K. Elliott, *New Testament Textual Criticism: The Application of Thoroughgoing Principles*, Supplement to *Novum Testamentum* 137, ed. M. M. Mitchell y D. P. Moessner (Leiden: Brill, 2010), 13.

200 d.C. A este respecto, ninguna otra obra de la literatura clásica temprana se encuentra en una posición tan favorable. Hay una brecha de más de 1.000 años entre la composición original y los manuscritos existentes de los escritos de Eurípides, Sófocles, Esquilo, Aristófanes, Tucídides, Platón y Demóstenes. Con los autores latinos, el panorama es un poco menos sombrío, pero aún no tan bueno como la situación de los escritos del Nuevo Testamento. La brecha es de más de tres siglos para los escritos de Virgilio, que son los mejor conservados.[5]

No existen los manuscritos originales. Es verdad. Pero la transmisión de los textos del Nuevo Testamento es una hazaña sin paralelo en la historia mundial. Nadie descarta el valor de Eurípides o Platón en la filosofía occidental simplemente porque en ciertos lugares hay dudas sobre la composición original de sus textos. La situación del Nuevo Testamento es bastante notable. No existen originales, pero tenemos copias de aquellos manuscritos que fueron escritos poco después de la composición original. De hecho, ningún otro texto antiguo tiene un período de tiempo tan corto entre la composición original y la copia existente. La cuestión de la crítica textual gira en torno a los cambios que tuvieron lugar durante la transmisión. Y toda la literatura antigua experimentó cambios desde la composición original hasta las copias posteriores. Consideremos las palabras de Francesco Robortello (1516–1567): "[S]i existieran libros escritos por manos de autores antiguos, trabajaríamos menos".[6]

---

5   León Vaganay y Christian-B. Amphoux, *An Introduction to New Testament Textual Criticism*, trad. Jenny Reid-Heimerdinger (New York: Cambridge University Press, 1991), 2.

6   Francesco Robortello, *De arte sive tatione corrigenda antiquorum libros disputatio*, ed. G. Pompella (Nápoles: Luigi Loffredo Editore, 1975), 44, citado por Tim William Machan, *Textual*

De hecho, si hoy existieran originales de los textos del Nuevo Testamento, la crítica textual no tendría consecuencias para el estudio y la exégesis del Nuevo Testamento. Lamentablemente no hay originales. Y por eso es extremadamente importante para nuestro estudio del Nuevo Testamento.

Hacer copias de los textos del Nuevo Testamento comenzó inmediatamente después de su composición. El primer evangelio que se escribió fue el evangelio según Mateo. Fue diseñado como un recurso de cómo hacer discípulos para ser utilizado entre las comunidades en las que se proclamó y aceptó el evangelio. Las palabras de Jesús al final del texto sirven como el propósito del evangelio: "Al ir [al mundo], educad a todas las naciones, bautizándolas en el nombre del Padre, del Hijo y del Espíritu Santo, *enseñándoles para poner en práctica todo lo que os he mandado*" (Mateo 28:19–20a). Esto sirvió como el primer recurso de formación de la iglesia primitiva. Al salir de Judea, llevarían consigo el evangelio según Mateo a los lugares del mundo donde Jesús los envió. Y cuando salieron de esas comunidades, se dejaron copias para que la gente de esas comunidades pudiera estudiar por sí misma y enseñar sobre el Maestro.

Hay otros ejemplos en el Nuevo Testamento de copia de estos textos. Pablo parece citar a Lucas (aunque probablemente a Mateo) en 1 Timoteo 5:18: "El trabajador es digno de su salario" (cf. Levítico 19:13; Deuteronomio 24:15; Mateo 10:10; Lucas 10:7).[7] Si está citando un evangelio, entonces Pablo debe haber tenido una copia del suyo. Pedro también está familiar-

---

Criticism and Middle English Texts (Charlottesville, VA: University Press of Virginia, 1994), 20.

7   También hace referencia a esta enseñanza en 1 Cor. 9:14. En otros lugares donde Pablo cita la enseñanza de Jesús, se refiere a ella como el "mensaje del Señor" (1 Tes. 4:15) o especifica que le fue entregada directamente por el Señor (1 Cor. 11:23–25). En 1 Tim. 5:18, sin embargo, se refiere específicamente a esta enseñanza como "Escritura" (γραφή *graphē*), que se refiere al mensaje de Dios en forma escrita.

izado con las cartas de Pablo, ya que las vio cuando vio a Pedro en Jerusalén o Roma o entró en contacto con ellas mientras viajaba a varios lugares (2 Pedro 3:15–16). Pablo también instruyó a las iglesias a compartir cartas: "Y una vez leída esta carta entre vosotros, mirad que se lea en la iglesia de los laodicenses; y lean también la carta de Laodicea" (Colosenses 4:16). Alguien lo habría copiado y cambiado por una copia del escrito a la otra iglesia. Y probablemente Pablo conservaba una copia de cada carta que escribía.[8] En otras palabras, no se limitó a escribir una carta y enviarla. Comprendió que lo que escribía venía de Dios y era provechoso para cada comunidad cristiana y para cada creyente individual. Cuando visitó una localidad, alguien de la comunidad pudo copiar esas cartas y conservarlas para estudio e instrucción. Las primeras iglesias que copiaron Apocalipsis son las que se encuentran en Apocalipsis 2 y 3. El orden en que aparecen las iglesias sigue la ruta de viaje que uno seguiría si salieran de Patmos, aterrizaran en Éfeso y luego se dirigieran a Laodicea. Todo el Apocalipsis sería copiado a medida que cada

---

Es posible que la cita sea de Mateo. Permítanme explicar brevemente cómo: Mateo usa la palabra griega para "alimento" o "alimento" (τροφή *trophē*), pero Lucas tiene la palabra (μισθός *misthos*) que la gente del primer siglo asociaba naturalmente con la remuneración en general. Pablo podría estar citando a Mateo, pero decidió usar la palabra "salario", captando la idea de lo que Jesús quiso decir con su proverbio agrícola. Pablo simplemente lo aclara para el mundo de habla griega: Jesús no estaba hablando sólo de comida. Se refería a la remuneración en general. Y eso explicaría por qué Lucas había usado antes la palabra que usó cuando escribió el Evangelio; Pablo, su mentor, la había estado usando cuando enseñaba.

8 De hecho, una opción para la referencia de Pablo a los "pergaminos" (μεμβράνας *membranas*) en 2 Timoteo 4:13 se refieren a sus cartas personales. Sin embargo, el hecho de que Pablo (o uno de sus asociados más cercanos) mantuviera una copia de sus cartas no depende de esta interpretación.

mensajero lo llevaba de una ciudad a otra (y a todos los que lo oyeran se les advertía que no añadieran ni quitaran las palabras del libro [Apocalipsis 22:18–19]). Cada uno de los textos del Nuevo Testamento fue escrito para instrucción.

La copia de los textos del Nuevo Testamento continuó durante más de mil quinientos años, en todo el mundo, dondequiera que se hubiera difundido el evangelio. Y cada vez que se copiaba un manuscrito presentaba una oportunidad de cometer errores de transcripción y también cambios intencionales en su contenido. De hecho, lo más probable es que esto ocurriera en cierta medida cada vez que se copiaba un manuscrito (incluso la primera vez). La crítica textual es necesaria porque no contamos con los manuscritos originales de los textos del Nuevo Testamento. Tenemos copias (los tataranietos, los tataranietos, los tataranietos, los tataranietos, etc.) de los originales, y esas copias contienen numerosas lecturas diferentes. Dado que el Nuevo Testamento está inspirado por Dios y es fundamental para la vida cristiana, nos corresponde hacer todo lo posible para descubrir el estado original de esos textos.

Antes de centrar nuestra atención en los criterios para analizar una cuestión textual, es importante resaltar algunas de las cuestiones textuales más importantes del Nuevo Testamento. Después de todo, si se tratara sólo de cuestiones de ortografía o de orden de las palabras, entonces el análisis textual no sería tan importante como es. Sería más una búsqueda noble que cualquier otra cosa. Los siguientes son sólo una muestra de algunas cuestiones textuales más significativas (aunque no necesariamente las más importantes).

1. *Una emisión de letra.* A veces una sola letra puede marcar la diferencia. Un ejemplo de esto se encuentra en Juan 1:41 con la palabra "primero". Sin entrar en todas las complejidades del idioma griego, solo recuerde que la función de las palabras está relacionada con cómo se escriben (en particular, ciertas terminaciones), no con el orden de las palabras como vemos en

otros idiomas como inglés y español. Teniendo esto en cuenta, algunos manuscritos escriben "primero" πρῶτος (*prōtos*) y otros πρῶτον (*próton*). Observa cómo la letra final es diferente. Ahora bien, si la primera lectura es original, significa que la palabra "primero" está modificando el sujeto de la oración: "Él" (refiriéndose a Andrés en el v. 40). Si la segunda lectura es original, significa que "primero" está modificando el predicado de la oración: "encontró a su propio hermano Simón". Entonces tenemos dos opciones. (1) ¿Dijo Juan que Andrés fue el primero de los dos discípulos que dejaron a Juan el Bautista para seguir a Jesús, quien fue y buscó a su propio hermano? En otras palabras, implicaría que el otro discípulo debió haber tenido un hermano también, y eso debe significar que se está identificando como el otro discípulo (ya que él también tenía un hermano, Juan de Zebedeo). O (2) ¿Dijo Juan que lo primero que hizo Andrés, cuando lo invitaron a venir y ver dónde se hospedaba Jesús y pasar el día con él, fue decirle a Jesús que esperara un momento mientras iba a buscar a su hermano? Si esta lectura es correcta, parece que Andrés entendió que había algo más importante que simplemente pasar tiempo con Jesús; quería que otros también conocieran a Jesús. Lo único que podría hacer que pasar tiempo con Jesús fuera más sorprendente sería si otros también pudieran pasar tiempo con él.

2. *Una cuestión de palabras.* A veces se encuentra una palabra en algunos manuscritos, pero no en otros. Y a veces esto puede cambiar todo en la forma en que entendemos un pasaje del Nuevo Testamento. Un ejemplo de ello se encuentra en Mateo 5:22. Casi todas las traducciones dicen así: "Pero yo os digo que todo el que esté enojado con su hermano será culpable ante el tribunal [o sujeto a juicio, etc.]". A primera vista parece como si Jesús condenara toda ira. Enojarse debe significar que una persona ha pecado, ¿verdad? Bueno, los problemas surgen cuando nos encontramos con pasajes como el de Mateo 21:12–13, donde Jesús expulsa a la gente del templo, y Marcos 3:5, que

indica que Jesús miró "con ira" a los reunidos en una sinago-
ga. Si toda ira es pecaminosa, ¿qué pasa entonces con la ira de
Jesús? Ahí radica el problema. Pero algunas traducciones (cier-
tamente muy pocas) tienen algo diferente. La traducción RVG
(2010) por ejemplo, dice así: "Pero yo os digo que cualquiera
que sin razón se enojare contra su hermano, estará en peligro
del juicio". Observa las palabras "sin razón". Esas palabras tra-
ducen una sola palabra griega (εἰκῇ *eikē*) que se encuentra en
varios manuscritos. Algunos manuscritos tienen εἰκῇ, otros no.
Y los comités de traducciones en diferentes idiomas que la incluyen, como la RVG, han decidido basándose en la evidencia
de que la palabra es original del Evangelio de Mateo. O Jesús
condenó toda ira o sólo la ira que no estaba justificada. Importa
mucho.

3. *Una cuestión de frase.* A veces surge la duda sobre si
una frase completa es original o no. Las frases "en Éfeso" en
Efesios 1:1 y "en Roma" en Romanos 1:7 son ejemplos de esto.
Algunos manuscritos los tienen, otros no. Ambas frases aparecen en la sección de prescripción de las cartas, que identifica al
autor y la audiencia. Tomemos como ejemplo "en Éfeso". Si la
frase no es original de la carta, entonces cambia la forma en que
estudiamos la carta. ¿Alguna de las prácticas socioculturales
características de Éfeso en el primer siglo tiene alguna relación
con la comprensión de pasajes como Efesios 5:18–21, donde
Pablo exhorta a los creyentes a dejar de emborracharse con vino
y, en cambio, dejar que sus vidas sean influenciadas por el Espíritu Santo? Si la frase es original, entonces la respuesta es sí.
De lo contrario, la información general sobre la ciudad de Éfeso
no ayudaría a nadie a comprender mejor el significado de este
pasaje.

Y hay cuestiones relacionadas con cláusulas (por ejemplo, "que gastó todo su sustento en médicos" en Lucas 8:43),
versículos completos (por ejemplo, si Lucas 23:34 es original
o no), párrafos completos (por ejemplo, Juan 7 :53–8:11). Hay

problemas en torno al orden de las palabras ("Nadie sabe quién es el Hijo sino el Padre, y quién es el Padre excepto el Hijo" vs. "Nadie sabe quién es el Padre sino el Hijo, y quién es el Hijo sino el Padre" en Lucas 10:22), el tiempo de un verbo en un pasaje determinado (por ejemplo, "... entre vosotros *está* [στήκει *stēkei*] uno a quien no conoces" vs. "... entre vosotros *ha estado* [ἕστηκεν *hestēken*] a quien no conocéis" en Juan 1:26), y muchos otros tipos de cuestiones relacionadas con la gramática.

Tres cuestiones textuales surgen una y otra vez en la crítica textual del Nuevo Testamento. Su importancia se debe en parte al tamaño de los discursos en cuestión, pero también a las cuestiones teológicas relacionadas con su contenido. El primero de ellos, también el más breve, es 1 Juan 5:7–8, también conocido como la "Cláusula Juanina" (lat. *Comma Johanneum*). Juan 7:53–8:11 es el segundo, también conocido como el "Pericope de la adúltera" (lat. *Pericope Adulterae*). Y el tercero es Marcos 16:9–20, conocido simplemente como "el final más largo de Marcos". Cada uno de ellos es muy complejo y requiere más espacio del que ofrece este pequeño libro.[9] Es imposible pasar por alto su importancia. Por ejemplo, si la lectura más larga de 1 Juan 5:7–8 (que se encuentra en la RV1960) es original, entonces esa es la certificación más directa de la Trinidad en toda la Escritura.

No hay duda de que ciertas cuestiones textuales afectan nuestra interpretación del texto. Por esta razón, la crítica textual es un campo necesario en los estudios del Nuevo Testamento. Entonces, ¿cómo proceden los individuos a estudiar estas cues-

---

9 Para aquellos interesados en leer más sobre estos tres temas textuales, los comentarios sobre los respectivos libros del Nuevo Testamento son un buen lugar para comenzar. Véase también David Alan Black (ed.), *Perspectives on the Ending of Mark: 4 Views* (Nashville: B&H Academic, 2008); David Alan Black y Jacob N. Cerone (eds.), *The Pericope of the Adulteress in Contemporary Research*, Library of New Testament Studies (Nueva York: Bloomsbury T&T Clark, 2016).

tiones y en base a qué evidencia determinan si una lectura es original o no? Ése es el tema del próximo capítulo.

3

EXPLORANDO LOS CRITERIOS DE LA CRÍTICA TEXTUAL

L os investigadores utilizan lo que se llama evidencias "externa" e "interna" para evaluar si una lectura es original o no. La evidencia externa se ocupa de los manuscritos existentes, como cuándo fueron copiados, mientras que la evidencia interna se ocupa de cuestiones como el estilo y la teología de un autor. Hay siete preguntas que se utilizan para sopesar los datos de una cuestión textual. Las dos primeras son preguntas de evidencia externa, las cinco restantes son preguntas de evidencia interna:

1. ¿Cuál lectura se encuentra en los manuscritos más antiguos?
2. ¿Cuál lectura está atestiguada por una distribución geográfica más amplia y/o por la mayor cantidad de tipos de texto?
3. ¿Cuál lectura es la lectura más corta?
4. ¿Cuál lectura es la lectura más difícil?
5. ¿Cuál lectura se adapta mejor al estilo y vocabulario del autor?

6. ¿Cuál lectura se adapta mejor al contexto y/o teología del autor?
7. ¿Cuál lectura se ajusta menos a un pasaje paralelo cuando hay uno disponible?

Necesitamos discutir cada uno de estos individualmente para poder comprender mejor lo que implica un análisis textual. Pero primero, ¿cuántos manuscritos del Nuevo Testamento se sabe que existen hoy? En realidad, se debate el número exacto, especialmente porque los manuscritos se descubren cada año, aunque los que se descubren generalmente son de fecha posterior. Antes de principios del siglo XIX, los eruditos sólo conocían aproximadamente 1.700 manuscritos griegos. El número de manuscritos griegos supera ahora los 5.600. A ese número podemos agregar miles de manuscritos de traducción,[10] manuscritos de leccionarios, así como numerosas referencias a textos del Nuevo Testamento de la iglesia primitiva. Debemos recordar que la mayoría de estos manuscritos no contienen todo el corpus del Nuevo Testamento; algunos solo tienen un solo libro (por ejemplo, el Evangelio de Mateo), otros más de un libro (por ejemplo, solo los Evangelios o solo las cartas de Pablo), y algunos sólo una porción de un solo libro (por ejemplo, Lucas 4:1–3).

El criterio

La fecha de los manuscritos

Los investigadores asignan fechas aproximadas de composición los manuscritos teniendo en cuenta varios factores diferentes: (1) el material sobre el que está escrito el texto; (2)

---

10 Véase el "Index of Versional Manuscripts of the New Testament" de Bruce M. Metzger en *The Early Versions of the New Testament: Their Origin, Transmission and Limitations* (Oxford: Oxford University Press, 1977), 475–491.

el guión; (3) el formato del texto de la página; (4) la presencia de obras de arte; etc. La gran mayoría de los manuscritos existentes fueron copiados en una fecha posterior. De los más de 5.600 manuscritos griegos que figuran en el sitio web del INTF[11], más de 5.300 están fechados después del 600 d. C. Los manuscritos escritos en papiro generalmente se consideran más antiguos que los manuscritos en vitela o pergamino, aunque algunos manuscritos en papiro se escribieron más tarde que algunos manuscritos en pergamino. La mayoría de los manuscritos que existen hoy no fueron escritos en papiro. El uso de letras mayúsculas es otra característica de algunos de los manuscritos más antiguos. Estos manuscritos se conocen como "mayúsculas". Y, por cierto, muchos manuscritos (en un esfuerzo por ahorrar espacio) no tenían ningún espacio entre las palabras. Imagínense lo que debió haber sido leer manuscritos como ese.

La cuestión de la fecha de transcripción es muy importante para la crítica textual. Cuanto más cerca esté la fecha de un manuscrito de la composición original, más cerca *podrá estar* de la composición original. Sin embargo, el hecho de que un manuscrito sea anterior no significa que contenga la lectura original. La integridad textual de cada manuscrito, dondequiera que exista una cuestión textual, debe estar sujeta a un análisis exhaustivo de la evidencia independientemente de su fecha, incluso si es muy temprana. La fecha de transcripción un factor, pero no es el factor definitivo. Incluso ahora es buen momento mencionarlo que no hay un factor definitivo en la crítica textual.

---

11   El Institut für Neutestamentliche Textforschung (tr. Instituto de Investigación Textual del Nuevo Testamento), ubicado en Westfalia, Alemania, se dedica al estudio de los manuscritos del Nuevo Testamento con el objetivo de determinar la composición original de los textos del Nuevo Testamento.

Tipos de texto y distribución geográfica de los manuscritos

Los investigadores agrupan los diferentes manuscritos en categorías conocidas como "tipos de texto". ¿Por qué las categorías? Pues básicamente han tomado los datos que se conocen del contenido de los diferentes manuscritos y los han agrupado según sus similitudes. Sin embargo, ninguna categoría es exactamente idéntica. De hecho, existen numerosas diferencias dentro de una categoría individual. Pero identificar sus similitudes únicas de manera general ayuda a rastrear la transmisión de los textos del Nuevo Testamento. En general, hoy en día se reconocen tres tipos de textos: (1) alejandrino, (2) occidental, y (3) bizantino. Podemos agregar un cuarto tipo de texto llamado Cesárea, aunque generalmente se limita a los Evangelios y algunos investigadores han cuestionado su existencia por completo (de ahí su utilidad para reflexionar sobre cuestiones textuales críticas). La gran mayoría de los manuscritos existentes pertenecen al tipo de texto bizantino. Y la gran mayoría de los manuscritos bizantinos son posteriores, aunque cada tipo de texto (alejandrino, occidental, y bizantino) contiene testigos antiguos.

Como lo indican sus nombres, los tipos de texto generalmente también se asocian con una región geográfica particular: alejandrino con Alejandría (Egipto), occidental con Roma (Italia) y las iglesias de esa parte del mundo, bizantino con las iglesias de Oriente, y Cesárea con Cesarea (Israel). Y podemos evaluar las lecturas encontradas en ciertos manuscritos antiguos y en los escritos de autores de la iglesia primitiva en función de sus ubicaciones geográficas, conectándolos con las mismas regiones identificadas para los tipos de texto. Por ejemplo, Orígenes y Agustín vivieron en el norte de África, por lo que las lecturas indicadas en sus escritos estarían relacionadas con Alejandría, a menos que, en el caso de Orígenes, se cite o se aluda a una lectura en uno de sus escritos posterior a su traslado a Cesarea, cuando tenía cuarenta y tantos años. Pero recuerde, la ubicación geográfica y el tipo de texto son distintos. Una distribución geográfica más amplia es más importante cuando se consideran manuscritos anteriores a finales del siglo IV, pero una representación más amplia de los tipos de texto como criterio siempre es importante, ya que se basa en las similitudes que existen entre todos los manuscritos.

Los académicos suelen discutir la confiabilidad de estos diferentes tipos de texto. De hecho, muchos estudiosos han optado por un tipo de texto preferido porque creen que es más fiable que los demás. Debido a que abordan la evidencia textual de esta manera, inmediatamente se inclinan hacia la lectura de ese tipo de texto. La mayoría de los investigadores actuales tienen una tendencia hacia el tipo de texto alejandrino y, en particular, dos manuscritos asociados con él, a saber, el Códice Sinaítico (conocido por las abreviaturas א o 01) y Códice Vaticano (B o 03).

La duración de una lectura

¿Cuál lectura es más breve?, ¿cuál más larga? Los investigadores suelen hacer estas preguntas. En términos generales, los estudiosos tienden a optar por la lectura más breve. El argumento es que los escribas añadían palabras con más frecuencia que las omitían. La pregunta sobre cuál manuscrito es más largo o más breve se aplica a muchas de las cuestiones textuales del Nuevo Testamento. Algunas ediciones tratan sobre una cuestión relacionada con una sola letra de una palabra, que podría cambiar su funcionamiento en la oración o su tiempo, o una cuestión sobre el uso de una palabra completamente diferente en un manuscrito que en otro. En cualquier caso, la duración total de la lectura permanecería sin cambios. Pero si hay dudas acerca de que una palabra esté presente en un manuscrito, pero no en otro, entonces la lectura con la palabra se considerará la lectura más larga.

Hay muchas razones por las que un escriba podría agregar intencionalmente una palabra, frase, cláusula y quizás un párrafo completo. Por ejemplo, a veces los escribas querían (1) conciliar pasajes paralelos de los Evangelios; (2) hacer que un texto sea más comprensible para sus audiencias, como hacer lo que consideraron una "mejora" en la gramática; (3) agregar títulos a los textos que se dirigían o hacían referencia a Jesús (en lugar de escribir "el Señor Jesús" en Apocalipsis 21:21, al menos uno cambió el texto para que dijera "nuestro Señor Jesucristo"); etc. También hay una serie de razones por las que un escriba podría omitir material intencionalmente, y es importante reconocerlo. Por ejemplo, si un pasaje de las Escrituras no encaja con la visión teológica de la vida cristiana de un escriba en particular, es concebible que pueda omitir algo.

No existen reglas estrictas cuando se trata de crítica textual. Se deben considerar todas las posibilidades relacionadas con la duración de una cuestión variante, y esto debe hacerse junto con una consideración de todas las evidencias, externas e internas. Por ejemplo, casi toda la evidencia del manuscrito apoya la inclusión de Mateo 9:34 ("Pero los fariseos seguían diciendo: 'Por medio del poder del gobernante de los demonios expulsa los demonios'"), pero sólo falta una pizca del versículo completo. La lectura más corta es la que no tiene Mateo 9:34. Pero la lectura más breve se limita básicamente a un único tipo de texto. ¿Cómo se explica eso? Un escriba podría haber pensado que esta declaración era redundante, ya que los fariseos hicieron la misma afirmación en Mateo 12:44. Tal vez ese escriba pensó que era difícil explicar la reacción de Jesús en Mateo 12 (es decir, el pecado imperdonable), ya que no reaccionó de esa manera en Mateo 9. La evidencia podría sugerir que, en términos generales, se deberían preferir las lecturas más breves a las más largas, pero es solo un principio rector, no una regla. A veces la evidencia favorecerá una lectura más larga, como ocurre en Mateo 9:34, y es por eso por lo que quienes estudian estos temas deben tomar en consideración toda la evidencia.

La dificultad de una lectura

Cuando los investigadores evalúan cuestiones textuales, normalmente se preguntan cuál lectura es más difícil. Como principio general, se debe considerar seriamente la lectura más difícil a la luz de otras pruebas internas y externas. Cuando los escribas encontraron el texto del Nuevo Testamento, si hubieran estado dispuestos a modificarlo, podrían haberlo hecho más fácil o más difícil.

Tomemos a Mateo 5:22 por ejemplo.[12] ¿Cuál de las siguientes lecturas es más difícil?

Lectura 1:	"Pero yo os digo que cualquiera que se enoje con su hermano será castigado".
Lectura 2:	"Pero yo os digo que cualquiera que se enoje con su hermano sin tener motivo justificable será castigado".

Hay dos formas en que podemos evaluar la dificultad de una lectura: (1) según el entorno transmisible y (2) según el contenido. Dejame explicar. En cuanto al ámbito transmisiva, podemos preguntarnos si es más difícil imaginar a un escriba omitiendo la palabra εἰκῇ (eikē), que he traducido en la Lectura 2 como "sin tener motivo justificable", o más difícil imaginar a un escriba agregando la palabra. Bueno, realmente se podría defender ambas. Es posible que un escriba simplemente haya

---

12   Para obtener más información sobre esta cuestión textual, consulte David Alan Black, "Jesus on Anger: The Text of Matthew 5:22a Revisited", *Novum Testamentum* 30 (1988): 1–8; David Alan Black y Thomas W. Hudgins, "Jesus on Anger (Matt 5,22a): A History of Recent Scholarship", en *Griegos, judíos y cristianos: estudios históricos, religiosos y filológicos en honor a Jesús Peláez del Rosal*, ed. L. Roig Lanzillotta e I. Muñoz Gallarte (Córdoba: El Almendro, 2013), 91–104.

pasado por alto la palabra mientras copiaba el texto. Imagínense también estar en una comunidad súper legalista. ¿No es posible que un escriba simplemente quisiera que el mandato de Jesús fuera blanco y negro sin grises en el medio? También es posible que un escriba pensara en la ira como lo hizo Pablo en Efesios 4:31 cuando escribió: "Quitad de vosotros toda amargura, ira, enojo, gritos, y calumnias; y también podemos agregar toda forma de malicia a esa lista". Pablo cita al Salmo 4:4 en Efesios 4:26, en el que les dice a los creyentes que deberían estar enojados. Por supuesto, incluye la parte del Salmo 4 que también les recuerda que no deben pecar. Es como si Pablo reconociera que toda ira no es necesariamente pecado, pero él sabe cuán pecadores son las personas y simplemente termina diciéndoles que sería mejor deshacerse de todo eso. Sin embargo, esa comprensión depende de cómo entiendas "toda ira". Podría significar "toda ira" (es decir, cada pizca de ira, independientemente de las circunstancias y de si lleva a uno a pensar o actuar pecaminosamente) o podría significar "toda ira [sin motivo justificable]". También es posible que un escriba mirara las palabras de Jesús y pensara que sonaban súper duras e imposibles para todos, así que siguió adelante y simplemente agregó la palabra εἰκῇ (*eikē*). Entonces, ¿cuál es más difícil de imaginar? –¿una de las posibilidades antes mencionadas con respecto a la omisión de la palabra? o ¿la idea de que un escriba simplemente pensó que Jesús sonaba demasiado duro y decidió suavizar un poco su orden?

En cuanto al contenido real, podemos preguntarnos: "¿Es más difícil el mandato de Jesús con la palabra εἰκῇ (*eikē*) o sin ella?" La verdad es que también puedes argumentar esto de cualquier manera. Por un lado, nunca enojarse es más difícil de lograr, pero, por otro lado, equiparar todo enojo con el pecado, la culpa, y el juicio hace que la lectura sin εἰκῇ (*eikē*) sea más difícil a la luz de otros textos del Nuevo Testamento como cuando Jesús estaba enojado en el templo o en Marcos

3:5 donde dice que miró a un hombre "con ira". Recuerde lo que hizo Jesús en el templo, haciendo un látigo, expulsando a los vendedores y cambistas y volcando sus mesas (Juan 2:15). Estoy bastante seguro de que Jesús sonrió mucho durante su ministerio, pero les prometo que no hubo ninguna sonrisa mientras todo eso sucedía.

Nuevamente, es imperativo que se consideren todas las pruebas. Y debemos señalar que la evidencia interna es mucho más subjetiva que la evidencia externa. Esto se vuelve bastante evidente cuando vemos las opciones sobre cómo alguien puede aterrizar su avión según la dificultad de una lectura en particular.

El estilo y la teología del autor

Los investigadores también deben considerar el estilo y la teología de un autor al analizar un tema textual. Por ejemplo, si hay un problema textual en el Evangelio de Lucas, podemos comparar una lectura con el contenido que se encuentra en todo el Evangelio de Lucas y también podemos pensar en el estilo de Lucas en Hechos. En Filipenses, queremos sopesar cómo escribe Pablo (por ejemplo, su gramática, su elección de palabras, etc.) en otras partes de Filipenses y el resto de sus cartas y queremos ver cómo la teología en las respectivas variantes de lectura se compara con la teología de Pablo en sus otros escritos.

Un problema en 1 Tesalonicenses presenta una oportunidad interesante para ilustrar cómo los críticos de textos piensan a través del estilo. En 1 Tes. 2:7, algunos manuscritos dicen: "Pero demostramos ser *amables* (ἤπιοι *ēpioi*) entre vosotros, como una madre lactante que cuida con ternura a sus propios hijos". Otros manuscritos dicen: "Pero resultamos ser como *bebés* (νήπιοι *nēpioi*) entre vosotros, como una madre que amamanta y cuida con ternura a sus propios hijos". La última opción parece ser más difícil porque, si fuera original, Pablo estaría usando dos metáforas diferentes muy próximas. Definitivamente parece un poco confuso a primera vista.

Algunos eruditos señalan el estilo de Pablo en otros lugares como apoyo a esta lectura. Por ejemplo, al referirse a sí mismo, Pablo podría estar cambiando una metáfora de 1 Tesalonicenses2:11 ("como un padre") a otro en 1 Tesalonicenses 2:17 ("hechos como huérfanos").[13] Y vemos otro cambio en Romanos 8:19–22 y 23–25; el primero se refiere al parto natural y el segundo a la adopción. Estas observaciones al menos abren la posibilidad de que Pablo pudiera haber usado dos metáforas diferentes en 1 Tesalonicenses 2:7. Los ejemplos en 1 Tesalonicenses 2:11, 17 y Romanos 8:19–25, sin embargo, no coloca dos metáforas diferentes tan cerca como lo que encontramos en 1 Tesalonicenses 2:7. Cuando alguien compara estilos, tiene que luchar con ejemplos como los que se proporcionan aquí y decidir por sí mismo si cree o no que la lectura con "bebés" se ajusta al estilo de Pablo. Y siempre debemos recordar que nuestra muestra literaria es bastante pequeña cuando se trata de los autores del Nuevo Testamento. La muestra de los escritos de Pablo es obviamente significativamente mayor que, por ejemplo, la de Judas o Santiago. Pero incluso lo que tenemos de Pablo es limitado. Por lo tanto, deberíamos estar dispuestos a al menos pensar en la posibilidad de que una lectura no se ajuste al estilo de un autor, razón por la cual consideramos las demás evidencias externas e internas, todas ellas.

---

13   La mayoría de las traducciones omiten el idioma "huérfano" al traducir el verbo en este pasaje. La traducción NRSV es un ejemplo de una que la incluye. Desafortunadamente, las traducciones al español generalmente no conservan la expresión idiomática, tampoco lo mencionan en una nota a pie de página, como lo hacen algunas traducciones inglesas.

Versículos paralelos

Los versículos paralelos incluyen lugares como los evangelios sinópticos (Mateo, Marcos, y Lucas), donde hay una cantidad significativa de material similar, cartas como Efesios y Colosenses, en las que Pablo trata temas similares (por ejemplo, Efesios 6:1–9 y Colosenses 3:20–25), y versículos donde un autor del Nuevo Testamento citó o aludió a una sección del Antiguo Testamento. La consideración de versículos paralelos también incluye ciertos textos apócrifos que no se encuentran en el canon del Nuevo Testamento, ya que a veces contienen material similar y datan antes del siglo V d.C.

Tomemos el comienzo de Mateo 19:29 por ejemplo. Algunos manuscritos dicen: "Y todo aquel que haya dejado sus hogares, hermanos, hermanas, padre, madre, hijos o tierras. . ." Y algunos manuscritos incluyen "esposa" en la serie después de "madre".[14] Compare eso con Marcos 10:29, que no incluye "esposa" pero invierte el orden de "padre, madre", y luego eche un vistazo a Lucas 18:29, que tiene "casa, esposa, hermanos, padres o hijos". ¿Qué pasó aquí? ¿Intentó un escriba armonizar lo que escribió Mateo con lo que escribió Lucas? ¿O cuando un escriba estaba copiando a Mateo, accidentalmente omitieron "esposa" como parece que al menos un escriba hizo con "padre"? Los pasajes paralelos son sin duda un factor importante para determinadas cuestiones textuales.

Preferencia por ciertos tipos de texto y manuscritos

Para aquellos que luchan con cuestiones de divergencia entre la gran cantidad de manuscritos del Nuevo Testamento, es absolutamente imperativo definir un método o al menos un conjunto de principios rectores mediante los cuales puedan evalu-

---

14 Algunos manuscritos omiten la palabra "padre", pero lo más probable es que se trate de un accidente.

ar la evidencia a favor de una lectura sobre otra. Un grupo de manuscritos podría leer de una manera un pasaje en particular, mientras que otro grupo de manuscritos podría leer algo diferente. Podría ser una palabra, una frase, tal vez una cláusula, tal vez incluso una unidad discursiva completa. Sin embargo, es imperativo que se consideren todas las pruebas. Absolutamente imperativo. Después de todo, ya sea que una persona simplemente ignore la evidencia o tenga un sesgo hacia la evidencia, el peligro es el mismo.

Actualmente existe un amplio consenso a favor de adoptar preferentemente la lectura de ciertos tipos de textos e incluso de ciertos manuscritos. Supongo que realmente comenzó fuerte y rápido justo antes del cambio de siglo XX con la edición del Nuevo Testamento griego de Westcott y Hort (publicado por primera vez en 1881) y su descarada proclividad hacia dos manuscritos en particular (el Códice Sinaítico [abreviado א o 01] y el Códice Vaticano) los cuales pertenecen al tipo de texto alejandrino. Supongo que a Westcott y Hort podríamos añadir la preferencia de muchos estudiosos por la traducción latina del Nuevo Testamento, incluso cuando hubo testigos griegos que cuestionaron la lectura de la Vulgata.

No existe un tipo de texto totalmente confiable. Y, como señaló el profesor de griego A. T. Robertson, "[n]ingún documento, ni siquiera el B, es siempre correcto".[15] Hoy en día, la mayoría de los investigadores abogan por una metodología ecléctica que incorpore todos los datos textuales. El problema es que 01 y B todavía parecen ser los favoritos y los investigadores apenas se desvían de ellos.[16] ¿Está la gente realmente considerando la evidencia, toda la evidencia, todas las posibi-

---

15   A. T. Robertson, *Estudios sobre el texto del Nuevo Testamento*, reimpresión ed. (Eugene, Oregón: Wipf y Stock, 2016), 91.

16   Las únicas desviaciones realmente ocurren cuando 01 y B no están de acuerdo y los investigadores se encuentran en el dilema de tener que ir en contra de uno u otro.

lidades? ¿O los críticos textuales y autores de comentarios del Nuevo Testamento se están volviendo más hábiles para enmascarar su preferencia por 01 y B? ¿O tal vez las personas que escriben comentarios ni siquiera abordan la evidencia textual como deberían? Esta es sólo una de las razones por las que cada vez más pastores y estudiantes del Nuevo Testamento en general deberían dotarse de las habilidades que necesitan para pensar en estos temas por sí mismos.

4

RESPONDIENDO A ALGUNOS CONCEPTOS ERRÓNEOS SOBRE LA CRÍTICA TEXTUAL

Hay varios conceptos erróneos asociados con la crítica textual. En el espacio que sigue nos centraremos en tres. El primero trata del carácter oculto de los textos del Nuevo Testamento. ¿Sabemos realmente lo que escribieron? El segundo aborda la cuestión de la inerrancia. Y el tercero trata de por qué se necesita cierto cambio en la mayoría de las iglesias locales. La crítica textual no es para los cristianos lo que la kriptonita es para Superman. Cuanto antes los maestros de las iglesias locales comiencen a ayudar a la gente a comprender cómo se transmitió el Nuevo Testamento a lo largo de los siglos, mejor será para todos. Por supuesto, hay muchos más conceptos erróneos que vale la pena considerar,[17] pero el espacio es limitado.

---

17 El único tema adicional que desearía poder tratar aquí habría tenido el subtítulo "Mi traducción es mejor que la tuya". Permítanme sólo un comentario: animo a todos los estudiantes a los que enseño a consultar tantas traducciones en tantos idiomas de los que tengan un conocimiento práctico. Además de los beneficios de resaltar diversas cuestiones léxicas y sintácticas que esto ofrece a los estudiantes del Nuevo Testamento, en muchos casos

"No tenemos idea de lo que escribieron"

En ocasiones he escuchado a personas decir algo como: "Nadie sabe lo que realmente escribieron los autores del Nuevo Testamento". ¿Es realmente así? ¿Sabemos o no lo que escribieron estos autores? Hay un número significativo de diferencias entre los manuscritos del Nuevo Testamento. De hecho, aquí Bart Ehrman da en el clavo: "Nadie sabe con certeza cuántas diferencias hay entre nuestros testigos supervivientes, simplemente porque nadie ha podido contarlas todas todavía". [18] A esto podría agregar que el mundo aún tiene que revisar todos los manuscritos del Nuevo Testamento, y eso explica por qué nadie ha podido contar todas las diferencias.

Un año revisé treinta manuscritos que se encuentran en la Biblioteca del Vaticano en Roma y marqué todas las diferencias entre ellos y el primer Nuevo Testamento griego impreso[19] en todo el Evangelio de Mateo.[20] En los 1.071 versículos que componen el Evangelio de Mateo, ubiqué 1.698 lugares en los que puede ayudar a identificar cuestiones textuales importantes, como vimos en la introducción con Mateo 5:22. Cualquiera que defiende una traducción en detrimento de otra, en mi experiencia, lo hace por motivos egoístas y tontos. No hay lugar para solo Reina-Valera, solo NVI, o cualquier otra tontería de traducción de solo esta particular en el cuerpo de Cristo. De hecho, si todos fuéramos bereanos de corazón, seríamos cristianos con "tantas traducciones como pueda conseguir" y las usaríamos para ayudarnos a extraer la Palabra de Dios de todas las gemas preciosas.

18   Bart D. Ehrman, *Studies in the Textual Criticism of the New Testament* (Leiden: Brill, 2006), 309.

19   Esta edición del Nuevo Testamento fue parte de un diglot greco-latino, el quinto volumen de la Biblia políglota complutense. El Nuevo Testamento fue el primero de seis volúmenes, impreso en Alcalá de Henares, España, el 10 de enero de 1514.

20   Thomas W. Hudgins, "El Nuevo Testamento griego del políglota complutense: manuscritos vaticanos y el evangelio de Mateo", tesis doctoral. (Universidad Complutense de Madrid, 2016).

había una diferencia en la lectura del texto, la mayoría de los cuales son de naturaleza menor y algunos son más significativos que otros. Eso es bastante notable, sin duda. Imagínese lo que sería para el resto del Nuevo Testamento. Pero tal divergencia no significa que no sepamos qué escribieron realmente los autores originales de los textos del Nuevo Testamento. Sus textos no se pierden. Podemos proporcionar argumentos probatorios a favor de una lectura particular cuando existe tal divergencia.

La presencia de lecturas divergentes entre los manuscritos del Nuevo Testamento no descalifica la inspiración, sino simplemente una realidad. Las lecturas divergentes no significan que nadie sepa lo que escribieron los autores del Nuevo Testamento, sólo que el estudio del Nuevo Testamento debe comenzar en última instancia con un análisis textual dondequiera que exista tal divergencia. Esto plantea la cuestión de la preservación. ¿Se han conservado las palabras (las palabras originales escritas por sus autores) hasta el día de hoy? Considere cómo Bart Ehrman describe la razón por la que llegó a no creer en la inspiración divina de la Biblia:

Esto se convirtió en un problema para mi visión de la inspiración, porque me di cuenta de que a Dios no le habría resultado más difícil preservar las palabras de las Escrituras que inspirarlas en primer lugar. Si hubiera querido que su pueblo tuviera sus palabras, seguramente se las habría dado (y posiblemente incluso les habría dado las palabras en un idioma que pudieran entender en lugar del griego y el hebreo). El hecho de que no tengamos las palabras seguramente debe demostrar, razoné, que él no las conservó para nosotros. Y si no realizó ese milagro, no parecía haber razón para pensar que realizó el milagro anterior de inspirar esas palabras.[21]

21 Bart D. Ehrman, *Misquoting Jesus: The Story Behind Who Changed the Bible and Why* (Nueva York: HarperCollins, 2005), 11.

"El hecho de que no tengamos las palabras . . ." Presta especial atención a esas palabras. En realidad, este tipo de razonamiento no es infrecuente en los intentos de refutar la inspiración bíblica. Observe que el argumento realmente depende de *no tener las palabras*. El problema es que tenemos las palabras. Al menos, humanamente hablando –dejando de lado aquí la idea de preservación providencial– podemos estar casi seguros de que las palabras originales del Nuevo Testamento han sido preservadas. Dejame explicar.

Como mencioné anteriormente, cada vez que se copiaba un manuscrito presentaba una oportunidad para cometer errores de transcripción y cambios intencionales. Y es razonable pensar que esto sucedió hasta cierto punto cada vez que se copió uno de estos manuscritos. Ahora bien, si un manuscrito sólo se copiara una vez, esto plantearía un problema en lo que respecta a la preservación. Pero los textos originales del Nuevo Testamento no fueron copiados una sola vez. Por ejemplo, si Pablo conservaba una copia de sus propias cartas para que las comunidades cristianas pudieran copiarlas durante sus viajes misioneros, entonces conservaba el original y se hacían copias (plural) del original por todo el Imperio Romano. No es descabellado que alguien piense que cada original habría sido copiado numerosas veces. Y suponiendo que así fuera, es poco probable que las personas que hicieron copias de los originales hubieran cometido exactamente los mismos errores y cambios intencionales en la transmisión. Basándonos en esto, podemos decir con seguridad que tenemos las palabras, si consideramos la evidencia manuscrita en conjunto.

La cuestión no es que no tengamos las palabras. El problema es que tenemos divergencias entre los manuscritos existentes. En realidad, tenemos más de lo que se escribió originalmente, considerando que algunos escribas podrían haber cambiado palabras o agregado frases y cláusulas por diferentes razones. Aún así, el problema es la divergencia. Y la divergencia no significa (1) que Dios no hizo lo que Pablo dijo que hizo en 2 Tim. 3:16 o (2) que el Nuevo Testamento no ha sido preservado. ¿Se ha conservado inmaculadamente (es decir, cada copia, cada vez, exactamente como el original, sin siquiera la posibilidad de cambios accidentales o intencionales en el texto)? –No. ¿Pero se ha conservado? —Claramente y con mucho cuidado en comparación con otras obras literarias de importancia histórica anterior a la invención de la imprenta. Utilizando los criterios descritos en el capítulo dos, los estudiantes del Nuevo Testamento pueden analizar estas cuestiones de divergencia por sí mismos y tomar decisiones informadas sobre la composición original del Nuevo Testamento.

"El Nuevo Testamento no es realmente inerrante"

La cuestión de la inerrancia está directamente ligada a la inspiración bíblica. A veces la gente argumenta que la Biblia no es infalible si realmente existen todas estas cuestiones textuales en el Nuevo Testamento, especialmente las más importantes. El problema, sin embargo, es que la inerrancia, al igual que la inspiración, tiene que ver con la composición original de los textos bíblicos. La autoridad de la Biblia depende de nuestra comprensión de la inerrancia.

Hay cuestiones en las que los mundos de la inerrancia y la crítica textual no se cruzan. Por ejemplo, la gente suele señalar la diferencia entre Marcos 6:8 y Mateo 10:9–10 y Lucas 9:3. En el primero, Jesús les dice a sus discípulos que tomen un bastón, mientras que en los dos últimos pasajes se les dice a los discípulos que no tomen ninguno. Aquí hay un problema que todo cristiano debería poder abordar. Desgraciadamente ahora no es el momento. Nos centramos en los lugares donde la inerrancia y la crítica textual se cruzan. Uno de los lugares más significativos es Mateo 1:7–8, donde encontramos un problema con la lectura de Asaf (Ἀσάφ *Asaf*) versus Asa (Ἀσά *Asa*). El primero es el nombre asociado con un salmista (1 Crónicas 25:1), el segundo el nombre de uno de los reyes de Judá (1 Reyes 15:9ss). Mateo proporciona la genealogía del heredero del trono davídico, cuyo linaje se remonta a Judá. Aquí radica el problema: Asaf es descendiente de Leví, no de Judá.

Hay sólo un puñado de soluciones a este problema. Una explicación ofrecida por algunos es que Mateo simplemente se equivocó. La ortografía podría haber sido un accidente originado en Mateo o, como sugirió Bruce Metzger, Mateo podría haber reproducido la "ortografía errónea" (Asaf) que encontró en una lista genealógica que consultó.[22] En otras palabras, el origen de Asaf no fue culpa de Mateo per se, sino de su fuente. Sin embargo, en cualquiera de los dos casos el problema sigue ahí: estaría presente en Mateo 1:7–8 un error.

Otra explicación es que Asaf es simplemente una ortografía alternativa de Asa.[23] Quizás esto sucedió a través de la transliteración, cuando Mateo llevó el hebreo al griego, o quizás ciertas personas en el primer siglo conocían a Asa como Asaf.

Una explicación final es que Mateo cambió intencionalmente el nombre o combinó dos nombres para evocar paralelos teológicos con otra figura del Antiguo Testamento y la vida y ministerio de Jesús (es decir, Asa se refiere a Asa [Ἀσά *Asa*], pero Mateo añadió una letra extra [φ *ph*]) para conectar a Jesús con Asaf también, aunque sin decir que Jesús era un descendiente físico de Asaf). Podría haber estado conectando el ministerio de Jesús con el papel profético de Asaf, con la forma en que cantaba las alabanzas de Dios o con sus funciones sacerdotales como descendiente de Leví. Vern S. Poythress, que opta por lo último, escribe: "Esta alusión sugiere sutilmente que Jesús

---

22　Bruce Manning Metzger, *Un comentario textual sobre el Nuevo Testamento griego*, 2ª ed. (Nueva York: United Bible Societies, 1994), 1.

23　James A. Borland menciona esto como una posible explicación ofrecida por Dan Wallace ("La preservación del texto del Nuevo Testamento: un enfoque de sentido común", *TMSJ* 10:1 [Spr 1999]: 49). Esta solución se proporciona en notas a pie en ESV y la NLT.

no sólo es literalmente el heredero del linaje real de David, a través del rey Asa, sino figurativa y espiritualmente heredero del linaje levítico de actividad sacerdotal".[24]Alguien que esté de acuerdo con esto podría explicar la presencia de Asa en algunos manuscritos porque los escribas no detectaron la conexión teológica de Mateo y así suavizaron el texto y eliminaron cualquier indicio de confusión histórica. Por supuesto, esta última explicación tiene sus propios obstáculos que superar, como que el ministerio sacerdotal de Jesús no se compara con el de los levitas sino más bien con el sacerdocio de Melquisedec. Sin embargo, cada explicación tiene sus propios obstáculos. Pero la opción uno que enfrenta obstáculos es simplemente insuperable. Si Asa no es original, entonces debe haber alguna otra explicación a que Mateo simplemente cometió un error en su composición o que sin querer reprodujo un error encontrado en una fuente consultada por él.

El problema en la crítica textual del Nuevo Testamento surge de cómo se malinterpreta la inerrancia y cómo las personas, incluidos los evangélicos, se extralimitan en sus afirmaciones. En los últimos años han aparecido dos capítulos que abordan directamente la cuestión de la inerrancia y la crítica textual: (1) "Can I Have Your Autograph?" (tr. "¿Puedo tener tu autógrafo?") por John J. Brogan y (2) "Inerrancy and Textual Criticism" (tr. "Inerrancia y la crítica textual") por Douglas Stuart.[25] Ambos merecen una lectura atenta. Brogan señala

---

24   Vern Sheridan Poythress, *La inerrancia y los evangelios: un enfoque centrado en Dios para los desafíos de la armonización* (Wheaton, IL: Crossway, 2012), 70.

25   John J. Brogan, "Can I Have Your Autograph? Uses and Abuses of Textual Criticism in Formulating an Evangelical Doctrine of Scripture", en *Evangelicals and Scripture*, ed. Vicente Bacote et al. (Downers Grove, IL: InterVarsity, 2004), 93–111; Douglas Stuart, "Inerrancy and Textual Criticism", en *Inerrancy and Common Sense*, eds. Roger R. Nicole y J. Ramsey Michaels (Grand Rapids: Baker, 1980), 97–117.

tres formas en las que los evangélicos se equivocaron con la inerrancia y la crítica textual: (1) algunos "ignoran o minimizan el grado de fluidez textual en la iglesia primitiva"; (2) algunos "hacen mal uso de la crítica textual para negar la validez de métodos de crítica textual bien establecidos y ampliamente aceptados"; y (3) algunos han tratado simplemente de explicar pasajes difíciles diciendo que debe haber habido un manuscrito en algún lugar que no se leía de la forma en que lo encontramos en el resto.[26] Volveremos al número uno en la sección siguiente ("Los cristianos no pueden manejar la verdad"). Sin embargo, los evangélicos no son los únicos que a veces se extralimitan. Algunos que estudian el Nuevo Testamento lo hacen con la esperanza de encontrar un error en cada página; en realidad, en cada versículo, si fuera posible. No comienzan con una convicción informada y lógicamente fundada de inspiración divina, infalibilidad e inerrancia. Eso cambia totalmente la forma en que ven estas cuestiones textuales y también debilita la energía que están dispuestos a gastar para encontrarle sentido a una lectura difícil.

Hay cuestiones difíciles en el Nuevo Testamento. No se puede negar eso. Pero no hay cuestión tan difícil que la única opción educada sea admitir que los autores de los textos del Nuevo Testamento permitieron, ya sea a sabiendas o no, errores y falsedades en sus escritos. Y por más desalentadora que sea la cantidad de ediciones y variantes textuales en el Nuevo Testamento, no es inesperada. La divergencia en la transmisión en la era anterior a Gutenberg era común. Pero la divergencia entre los manuscritos existentes (que son copias) no tiene ninguna relación con la inerrancia del Nuevo Testamento. Dado que Dios inspiró al autor original durante el acto original de composición, cada uno de esos textos quedó inmediatamente inerrante una vez completado.

---

26   Brogan, "¿Can I Have Your Autograph?", 102–106.

La crítica textual es importante porque no obtenemos nuestras traducciones sin antes determinar, mediante análisis científico, el texto del Nuevo Testamento. En la mayor parte del Nuevo Testamento no hay ninguna duda seria. Podemos estar seguros de que nuestras traducciones modernas del Nuevo Testamento, con diferentes filosofías de traducción (por ejemplo, algunas intencionalmente ambiguas y otras más interpretativas), guardan el sorprendente parecido –la semejanza misma– de los autógrafos originales. A veces cuando hay preguntas, los editores de esas traducciones han intentado llamar la atención del lector sobre el tema mediante notas a pie de página, corchetes, etc., aunque en diversos grados.[27]

"Los cristianos no pueden soportar la verdad"

Enseño Nuevo Testamento y griego en una universidad evangélica. A muchos colegas les sorprende cuando les digo que empiezo a introducir la crítica textual en la segunda semana de mis cursos de griego. La crítica textual es quizás la parte más difícil de la exégesis griega para nuestros estudiantes. La mayoría de los estudiantes aportan algunos conocimientos sobre estudios de palabras y teología a un curso de griego. La sintaxis es una historia diferente porque la mayoría de los estudiantes carecen incluso de un conocimiento básico de la gramática inglesa. Los estudiantes que más destacan en cuanto a sintaxis son generalmente aquellos que han estudiado un idioma más allá de su lengua materna antes de tomar una clase de griego. La sintaxis es difícil, pero eso se debe a que la sintaxis lo es básicamente todo cuando se trata de un lenguaje. La crítica textual es algo completamente distinto y la mayoría de los estudiantes llegan a mis clases con incluso menos conocimiento sobre ella que sobre sintaxis, a pesar de que la mayoría de ellos han pasado años involucrados en una iglesia local.

---

27   Véase el Apéndice: "Cuestiones textuales señaladas en versiones inglesas de Mateo 1–7".

Este libro se centra en la iglesia y en ayudar a los creyentes individuales a comprender por qué tenemos cuestiones sobre lecturas variantes. Lo loco es que la mayoría de los cristianos nunca ha oído nada sobre los manuscritos del Nuevo Testamento y las lecturas divergentes que existen entre ellos. Probablemente hay una gran cantidad de razones para ello, pero la razón más aterradora para mí es que los líderes de las iglesias locales piensan que la fe de la gente en la inspiración y la inerrancia bíblicas podría verse seriamente herida si comenzaran a hablar de estas cosas. Por supuesto, la razón número uno por la que el tema nunca surge en las iglesias es probablemente porque los propios capacitadores de esas iglesias tienen poco o ningún conocimiento sobre todo esto. En realidad, haber estudiado algo por uno mismo es un requisito previo para enseñar a otros o, como les digo a mis alumnos, la falta de estudio real se traduce en falta de enseñanza real.

La mayoría de los cristianos no escuchan nada sobre críticas textuales en sus iglesias locales. ¿Te parece un poco extraño? A mí sí. Y para ser honesto con usted, si alguien dijera que parece que a los cristianos no se les dice toda la verdad o que se les está protegiendo de cierta información, podría estar de acuerdo. . . en parte. Si simplemente miramos a nuestro alrededor y observamos la forma en que se trata este tema en la mayoría de los ambientes cristianos, parece que el veredicto ya se ha pronunciado: los cristianos aparentemente no pueden manejar la verdad sobre la transmisión de los textos del Nuevo Testamento. Por supuesto, eso no es cierto.

Recientemente les hice a mis estudiantes la siguiente pregunta: "¿Cómo puede un pastor enseñar a través del Nuevo Testamento y nunca surge algo sobre ayudar a la iglesia a comprender el tema de la inspiración y la crítica textual (ni siquiera en una clase de Escuela Dominical)?" Un estudiante respondió: "Este tema puede resultar confuso en el ambiente de la iglesia. Creo que los confundiríamos si les hablamos de manuscritos y aparatos textuales griegos antiguos". Otro estudiante me escribió:

> Nunca escuché a nadie explicar lo que sucedía cuando diferentes traducciones de la Biblia agregaban o restaban palabras. Simplemente pasamos por alto la discrepancia sin dar ninguna explicación. A menos que alguien exprese interés en estos temas, no los mencionaría.

Y aquí hay una respuesta más:

> Puedo entender cómo los pastores tienden a no sacar a relucir las cuestiones textuales en la iglesia local. Sin embargo, no estoy diciendo que este sea el camino correcto a seguir. Mi opinión es que, en algunas circunstancias, el análisis textual podría causar más daño que bien en una congregación. Por lo tanto, como pastor, es imperativo que el pastor conozca su rebaño. Si él o ella conoce el rebaño, sabrá cuál es la mejor manera de presentar la información y cuánto presentar.

Puede que sea más fácil pasar por alto toda esta cuestión de la crítica textual, pero lo más fácil no es lo mejor. Me imagino a alguien diciendo: "Lo que no saben no les hará daño". No estoy de acuerdo. No tiene por qué causar más daño que bien. Creo que la gente de nuestras iglesias puede recibir alguna enseñanza sobre este asunto.

Creo que el tema necesita ser discutido más en nuestras iglesias locales para que nadie tenga la impresión de que se está ocultando a los fieles y, lo que es más importante, para que cada cristiano se fortalezca (1) en su fe en Jesús y (2) su devoción a las Escrituras que lo dan a conocer. Discutir la crítica textual puede anclar a los creyentes, de modo que no se vean sacudidos de un lado a otro en su confianza en la suficiencia y veracidad total de la Palabra de Dios, especialmente si se encuentran con alguien que esté muy familiarizado con un libro como *The Orthodox Corruption of Scripture* o *Misquoting Jesus* escrito por Bart Ehrman. ¿Es necesario que todo el mundo sea un estudioso de la crítica textual? No. ¿Pero debería relegarse el conocimiento sobre la crítica textual a unos pocos elegidos? Absolutamente no. Necesitamos más. Necesitamos algo mejor. Y los cristianos no deberían estar "protegidos" de esta información. En cambio, las iglesias necesitan hacer un mejor trabajo al (1) estudiar el Nuevo Testamento, (2) reconocer que estas cuestiones textuales existen, y (3) ayudar a los creyentes a comprender la transmisión de los textos del Nuevo Testamento a lo largo de los siglos, especialmente en el milenio y medio antes de la invención de la imprenta.

5
Conclusión

La crítica textual es extremadamente importante para el estudio del Nuevo Testamento. Nadie que llegue a los textos del Nuevo Testamento puede hacerlo sin involucrarse, en algún momento y de alguna manera, en esta área de la exégesis. La composición original del Nuevo Testamento no se establece en cada versículo. Es por eso que encontramos varias notas al final de nuestras traducciones al inglés. Es por eso que a veces encontramos versículos entre corchetes, incluso párrafos, en algunas traducciones. Estudiar el Nuevo Testamento es, en última instancia, estudiarlo todo, incluso estas cuestiones textuales. No tenemos nada que temer con la crítica textual. En mi opinión, esto sólo refuerza la confianza que debemos tener en nuestras traducciones del Nuevo Testamento, el hecho de que, en la medida en que comunican fielmente el mensaje original, previsto por el autor, son inspiradas e inerrantes, la revelación misma de Dios al mundo después de la crucifixión, resurrección y ascensión de Jesucristo. Las palabras del Nuevo Testamento se han conservado sorprendentemente en lo que ahora se acercan dos milenios desde aquella demostración incomparable del amor de Dios en la cruz en el Gólgata. Aunque no se ha conservado inmaculadamente, tenemos todo lo que necesitamos en este momento para llegar a conclusiones razonadas e informadas sobre la composición original del Nuevo Testamento donde hay divergencias significativas. Deberíamos contemplar el Nuevo Testamento en todo su esplendor. Y la crítica textual es uno de esos pasos necesarios en la exégesis si realmente esperamos hacerlo.

Apéndice:

CUESTIONES TEXTUALES
SEÑALADAS
EN VERSIONES INGLESAS DE
MATEO 1–7

La siguiente tabla muestra dónde se encuentran las notas textuales en siete traducciones al inglés de Mateo 1–7. Las traducciones incluidas son: Holman Christian Standard Bible, New American Standard Bible, English Standard Version, New International Version, International Standard Version, New Living Translation y Revised Standard Version.

	HCSB	NASB	ESV	NVI	ISV	NTV	RSV
1:6 "rey"	X						
1:7–8 "Asaf"	X		X		X		
1:10 "Amós"	X				X		
1:18 "del Cristo"			X				
1:25 "su hijo primogénito"	X				X		
2:18 "lamentación y llanto"	X						
3:16 "para/a él"	X		X			X	X
4:10 "Ponte detrás de mí"					X		
5:11 "falsamente"					X		
5:22 "sin razón"	X		X	X	X	X	X
5:25 "el juez os entregará a"	X						
5:44 "bendecid a los que os maldicen, haced bien a los que os odian"	X					X	

	HCSB	NASB	ESV	NVI	ISV	NTV	RSV
5:44 "os maltratará y"	X						
5:47 "los recaudadores de impuestos"	X				X		
6:1 "donaciones caritativas"	X						
6:4 "abiertamente"	X				X		
6:6 "abiertamente"	X				X		
6:13 "Para los tuyos . . . . Amén"	X				X	X	X
6:15 "su maldad"	X				X		
6:18 "abiertamente"	X				X		
6:25 "o lo que beberás"					X		
6:33 "de Dios"	X		X		X	X	
7:13 "Porque el camino es ancho y fácil"							X
En Total:	18	0	5	1	14	5	4

Aquí vale la pena señalar algunas observaciones. La NASB y la RSV no mencionan manuscritos en sus notas de Asa/Asaph y Amon/Amos en 1:7–8, 10. Solo colocan una nota con la lectura alternativa como "Gk *Asaf*". Esto es algo engañoso ya que en realidad hay una pregunta sobre cómo se lee el texto original en estos versículos. Y considerando cómo la NASB tiene notas textuales más claras, como en Efesios 1:1 ("Tres manuscritos antiguos no contienen *en Éfeso*"), la ambigüedad en Mateo 1:7–8, 10 es difícil de entender, a menos que los editores simplemente estuvieran tratando de evitar señalar una dificultad con la genealogía de Jesús. La nota ESV para Mateo 1:18 dice: "Algunos manuscritos *del Cristo*". En realidad, aquí hay cuatro lecturas variantes de este versículo. ¿Es el nacimiento de (1) Jesús, (2) Jesucristo, (3) Cristo Jesús o (4) el Cristo? Esta última es la que los editores de ESV decidieron destacar, aunque las opciones 2 y 3 son igualmente tempranas.

Es bastante sorprendente ver cómo la HCSB incluye muchas más notas textuales que otras traducciones, al menos en Mateo 1–7. Necesitamos ser más comunicativos con estas cuestiones textuales. No hacerlo da crédito a los objetores y escépticos que argumentan que los cristianos engañan a los fieles y los protegen de datos que creen que podrían dañar su fe. Por supuesto, estos datos no son inherentemente perjudiciales para la fe cristiana, pero dejar notas fuera de nuestras traducciones está lejos de ser comunicativo con el número de lectores que los editores de traducciones modernas esperan alcanzar. La HCSB eclipsa a otras traducciones a este respecto. El único que se compara es el ISV.

La divergencia textual es una realidad. Los editores de futuras traducciones deben considerar notas textuales donde exista una pregunta importante con respecto a la lectura original de un pasaje del Nuevo Testamento. No hay ninguna razón por la que no se deba colocar una nota en el texto en Mateo 5:22, si una persona piensa "sin razón" es original o no. Si es así, debería haber una nota indicando que algunos manuscritos no incluyen la palabra; si no, entonces una nota de que algunos lo hacen.

BIBLIOGRAFÍA

Black, David Alan. "Jesus on Anger: The Text of Matthew 5:22a Revisited." *Novum Testamentum* 30 (1988): 1–8.

———— (ed.). *Perspectives on the Ending of Mark: 4 Views.* Nashville: B&H Academic, 2008.

————, and Jacob N. Cerone (eds.). *The Pericope of the Adulteress in Contemporary Research.* Library of New Testament Studies. Nueva York: Bloomsbury T&T Clark, 2016.

———— and Thomas W. Hudgins. "Jesus on Anger (Matt 5,22a): A History of Recent Scholarship." Páginas 91–104 en *Greeks, Jews, and Christians: Historical, Religious, and Philological Studies in Honor of Jesús Peláez del Rosal.* Editado por L. Roig Lanzillotta y I. Muñoz Gallarte. Córdoba: El Almendro, 2013.

Borland, James A. "The Preservation of the New Testament Text: A Common-Sense Approach." *TMSJ* 10:1 (Spring 1999): 41–51.

Brogan, John J. "Can I Have Your Autograph? Uses and Abuses of Textual Criticism in Formulating an Evangelical Doctrine of Scripture." Páginas 93–111 en *Evangelicals and Scripture*. Editado por Vincent Bacote et al. Downers Grove, IL: InterVarsity, 2004.

Clendenen, E. Ray and David K. Stabnow. *HCSB: Navigating the Horizons in Bible Translations*. Nashville, TN: Holman, 2013.

Ehrman, Bart D. *Misquoting Jesus: The Story Behind Who Changed the Bible and Why*. Nueva York: HarperCollins, 2005.

————. *Studies in the Textual Criticism of the New Testament*. Leiden: Brill, 2006.

Elliott, J. K. *New Testament Textual Criticism: The Application of Thoroughgoing Principles*. Supplement to *Novum Testamentum* 137. Editado por M. M. Mitchell y D. P. Moessner. Leiden: Brill, 2010.

Grisanti, Michael A. "Inspiration, Inerrancy, and the OT Canon: The Place of Textual Updating in an Inerrant View of Scripture." *JETS* 44:4 (December 2001): 577–598.

Hudgins, Thomas W. "The Greek New Testament of the Complutensian Polyglot: Vatican Manuscripts and the Gospel of Matthew." PhD diss. (Universidad Complutense de Madrid, 2016.

Metzger, Bruce Manning. *A Textual Commentary on the Greek New Testament*. 2nd ed. New York: United Bible Societies, 1994.

————. "Index of Versional Manuscripts of the New Testament." Páginas 475–491 en *The Early Versions of the New*

Testament: Their Origin, Transmission and Limitations. Oxford: Oxford University Press, 1977.

Poythress, Vern Sheridan. *Inerrancy and the Gospels: A God-Centered Approach to the Challenges of Harmonization.* Wheaton, IL: Crossway, 2012.

Robertson, A. T. *Studies in the Text of the New Testament.* Reprint ed. Eugene, OR: Wipf and Stock, 2016.

Robortello, Francesco. *De arte sive tatione corrigenda antiquorum libros disputatio.* Editado por G. Pompella. Naples: Luigi Loffredo Editore, 1975; citado por Tim William Machan, *Textual Criticism and Middle English Texts.* Charlottesville, VA: University Press of Virginia, 1994.

Stuart, Douglas. "Inerrancy and Textual Criticism," Páginas 97–117 en *Inerrancy and Common Sense.* Editado por Roger R. Nicole y J. Ramsey Michaels. Grand Rapids: Baker, 1980.

Vaganay, León and Christian-B. Amphoux. *An Introduction to New Testament Textual Criticism.* Translated by Jenny Heimerdinger. Nueva York: Cambridge University Press, 1991.

www.ingramcontent.com/pod-product-compliance
Lightning Source LLC
Chambersburg PA
CBHW031615040426
42452CB00006B/534

* 9 7 8 1 6 3 1 9 9 9 2 7 7 *